KAPSTADT
DAS SCHÖNSTE KAP

AN EINEM SCHÖNEN TAG ...

Der Tafelberg ist in jeder Witterung beeindruckend, aber wenn der Südoster ihm eine Wolkendecke auflegt, dann ist es nicht schwer, sich ein Pantheon von Felsengöttern vorzustellen, die sich zum Festmahl niederlassen. Den Gipfel (*oben*) kann man auf die gemächliche Art mit einer fünfminütigen Seilbahnfahrt (*links*) erreichen oder auf die anstrengendere Art zu Fuß auf einem der Wanderwege; der geruhsamste und am häufigsten begangene windet sich durch die Platteklipschlucht (*rechte Seite links*). Klipschliefer (*unten links*) sind sonst sehr scheu, aber hier haben sie sich an Besucher in ihrer Bergdomäne gewöhnt. Obwohl sie harmlos

erscheinen, können sie unangenehm – und unappetitlich – zuschnappen. Der Tafelberg ist bedeckt mit einmalig prächtigem Fynbos; das bekannteste Beispiel ist zweifellos die wunderschöne Königsprotea (*links Mitte*), Südafrikas Nationalblume.

Oben auf dem Berg bietet sich dem Besucher eine atemberaubende Szenerie, von der Kapspitze bis zu den blauen Gipfeln der Hottentot-Holland-Berge fern im Osten; dieser Panoramablick zählt weltweit zu den schönsten. Die weitausladende Tafelbucht und die Stadt wirken von dem 1 086m-hohen Gipfel aus zwergenhaft. Der Tafelberg hat auch dunkle Momente: plötzlich und unerwartet kommt ein Wetter auf, und es ist garnicht selten, daß Wanderer sich im Flechtwerk der Pfade verirren oder Bergsteiger abstürzen.

MÄRKTE UND DENKMÄLER

Das Stadtzentrum ist tagsüber (*oben links*) voller Geschäftigkeit und bei Nacht ein Lichtermeer (*rechte Seite oben links*) und dabei eine faszinierende Mischung aus dynamischer Geschäftswelt und zwanglosem Straßenhandel. Eingeklemmt zwischen Hochhäusern und Gründerzeitbauten halten sich grell-bunte Flecken mit Straßenhändlern, die alles anbieten, von Frischprodukten bis zu gebrauchten CDs. Die Blumenverkäufer an der Adderleystraße (*links*) verleihen dem gemessenen Tagescharakter der Stadt Farbenfreudigkeit, Duft und fröhliche Geschwätzigkeit. Der kopfsteingepflasterte Greenmarket Square (*oben rechts*), einst Marktplatz der Gärtner, ist heute angefüllt mit einem Kaleidoskop von Straßenhändlern, die handgearbeitete und gebrauchte Waren anbieten. Dem Platz zugewandt steht das Old Town House, wo die Michaelis-Sammlung alter holländischer und flämischer Ölgemälde untergebracht ist.

Ursprünglich, 1755, war es die Bürgerwache; später wurde es Polizeihauptquartier, und von 1840 bis 1905 diente es als Rathaus. Kapstadts Gründervater, Jan van Riebeeck, hält Wache über die Stadt, die aus der kleinen Versorgungsstation hervorgegangen ist, die er 1652 an der Südspitze Afrikas angelegt hatte. Sein Standbild (*links*) steht auf der Foreshore, die durch Landgewinnung vom Meer entstand; etwa acht Kilometer Sandstrand an der Westküste der Tafelbucht verschwanden durch das Ausbaggern des Hafens. Das imposante Gebäude der Stadtverwaltung soll die strengen Linien des Berges reflektieren – die sich aber leider soviel besser in der Natur ausmachen – und davor ist ein offener Platz mit einem modernen Kunstwerk aus rotem Rohr (*rechts*) von Edoardo Villa.

DIE ZITADELLE

Das älteste, noch bewohnte Gebäude in Südafrika datiert zurück bis 1676, als der Atlantische Ozean gegen seine Bastionen donnerte; heute trennt eine erhöhte Autobahn und ein Gewirr von Eisenbahnlinien die Festung vom Meer. Von den Holländern in Pentagonform errichtet, hat man die fünf Bastionen – zum Schutze der keimenden Kolonie gegen Angriffe vom Lande oder vom Meer aus – nach den Titeln des Prinzen von Oranien benannt. Über die Jahrhunderte haben Kriminelle, Soldaten und Damen von Rang den Burggraben überquert (*rechte Seite oben links*), um durch den Torweg zu gehen, den Gouverneur Simon van der Stel Ende des 17. Jahrhunderts in Auftrag gab (*oben rechts*), und in den Innenhof zu gelangen (*oben*).

JAN CHRISTIAN

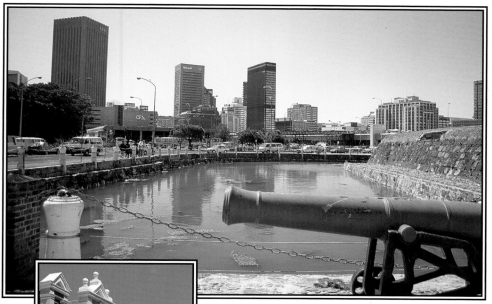

Beeindruckender Blickfang des Innenhofes ist der zierliche Balkon, de Kat, der von 1695 stammt und dem gefeierten Architekten Louis Thibault zugeschrieben wird, unter Mitwirkung des Bildhauers Anton Anreith. Über die Jahre wurde angebaut und verändert, und Anfang der neunziger Jahre wurde die Festung schließlich restauriert und dient jetzt hauptsächlich als Museum.

General Jan Smuts, Premierminister von Südafrika während des 2.Weltkrieges und Staatsmann von Weltrang, dessen Statue (*linke Seite unten*) vor dem Kulturhistorischen Museum steht, war dafür bekannt, daß er gerne auf dem Tafelberg wanderte. Sein bevorzugter Aufstieg durch die Skelettschlucht ist nach ihm benannt.

Die Niederländisch-Reformierte Kirche (*oben rechts*) öffnete 1704 erstmalig ihre Pforten und war für 130 Jahre Stätte der Anbetung, ehe sie abgerissen wurde. Nur der Kirchturm blieb erhalten. Die neue Kirche, 1841 wiedereröffnet, hat eine prächtige Kanzel, von Anton Anreith geschnitzt.

UM DEN STADTKERN HERUM

Der ehemalige Gemüsegarten der Handelsgesellschaft, vor mehr als 300 Jahren zur Versorgung der Schiffe angelegt, ist heute ein baumreicher Zufluchtsort vom Stadtgewühl mit mehr als 8 000 Bäumen, Sträuchern und Blütenpflanzen, einem Gartenlokal, Fischteichen, zahmen Eichhörnchen und Tauben, Statuen und Museen. Ein Spaziergang durch die Eichenallee, Government Avenue (*rechts*), führt vorbei an der Staatsbibliothek, den Parlamentsgebäuden, Tuynhuis (Stadtresidenz des Staatspräsidenten), der Nationalgalerie, der Großen Synagoge mit den

Zwillingstürmen (*oben*) und dem
Naturhistorischen Museum (*oben rechts*).

Im Bo-Kaap (links), an den unteren Hängen
des Signalhügels, lebt ein Großteil der muslimischen
Be-völkerung Kapstadts. Der Ruf der Muezzin von
den Minaretten der Moscheen ist Teil dieser
geschichts-trächtigen Fazette von Kapstadt. Die
malerische An-lage der Flachdachhäuser aus dem 19.
Jahrhundert wird alljährlich noch zusätzlich belebt
durch den 'Karneval' (*oben*), wenn ausgelassene,
banjospielende Sänger und Tänzer am Neujahrstag
in Trupps durch die Stadt paradieren.

9

DIE TAVERNE DER MEERE

D ie Victoria-&-Alfred-Water-
front ist eine der größten
Attraktionen von Kapstadt. Die
Entwicklung des historischen
Hafengeländes hat die Verbindung zwischen Stadt und Meer
wiederhergestellt. Moderne Anlagen, wie Jacht-
hafen, Einkaufsarkaden, Theater, Kinos, Hotels
und Gaststätten, präsentieren sich im Rahmen
der Baustile der Jahrhundertwende. Das Gelände
beim alten Hafenturm *(umseitig)* wurde 2001
von Nelson Mandela eröffnet. Vom Robben-Island-
Gateway treten die Fährschiffe *Makana* und
Autshumato im Stundentakt ihre Fahrt an.

SCHAUEN UND SCHMAUSEN

Einladende Gaststätten in großer Vielzahl bieten Entspannung und delikate Mahlzeiten. Am Quay Four *(links)* können Besucher köstliches Essen genießen, während sie spielende Robben beobachten oder Jachten und Rundfahrtschiffe, die im Victoriabecken umherfahren.

Im historischen Portswood-Ridge-Areal steht der Turm mit der Zeitkugel *(oben)*. Wenn sich die Kugel senkte, wurden auf den Schiffen im Hafen früher die Chronometer gestellt.

ZEITVERTREIB IM HAFEN

In der Victoria-Wharf *(oben)* bestehen etablierte Geschäfte Seite an Seite mit Händlern, die Waren auf Karrenständen anbieten, und, wie das Gebäude selbst, an eine vergangene Ära erinnern. Von hier blickt man auf das Victoriabecken, zwischen 1893 und 1895 erbaut und heute Anlegestelle für verschiedene Boote und Ausflugsschiffe, die Hafenrundfahrten anbieten. Der Platz vor dem Zentrum wird von Straßenmusikanten, Mimen *(rechts)* und Theatergruppen genutzt, obwohl an der Waterfront jede freie Ecke als Bühne dient. Farbenfreudige Musikanten sorgen für Stimmung auf dem Pier *(oben rechts)*. Hier begann die erste Phase der Restauration des Hafengeländes – berechtigterweise, da auf diesem Pier 1903 das erste öffentliche Gebäude errichtet wurde. Das ehemalige Hafenkapitänsamt, hinter den Musikanten zu sehen, datiert aus dem Jahre 1904.

13

SONNENSTRÄNDE

Die Vororte an der Atlantikküste, westlich der Stadt gelegen, sind Kapstadts ältere Küstenorte. In Seapoint (*oben rechts*), ob seiner 'Goldenen Meile' mit Restaurants (*oben*) und Nachtclubs einst der Pol für Vergnügungssüchtige, geht es heute etwas gemäßigter zu, da ein Großteil seiner Klientel sich zu der neuentwickelten Victoria & Alfred Waterfront verzogen hat. Hochhäuser und Geschäfte, viktorianische Wohnhäuser und moderne Apartmentblocks stehen dicht nebeneinander in diesem Vorort an den Hängen des Signalhügels. Zwar ist der Atlantik hier auf der 'kalten' Seite der Halbinsel, aber Taucher und Surfer strömen dennoch ins Wasser; sie ziehen Gummianzüge an, ehe sie sich bei Clifton, am Fuße des Löwenkopfes, in die eisige Brandung stürzen (*rechts*). Im Sommer locken Cliftons herrliche Strände die Sonnenanbeter. Dort ist auch ein beliebter Treffpunkt für einen 'Sundowner' in der Abenddämmerung.

SOMMERFREUDEN

Sich von der Stadt, Seapoint und Clifton südwärts entfernend, windet sich die Bergstraße im Schatten der Zwölf Apostel, Teil der Tafelbergkette, an dem schmalen Küstenstreifen entlang. Hier stehen von den teuersten Immobilien im Land in Vororten wie Camps Bay (*oben rechts*), mit Rasenflächen bis an den Strand, einem Gezeitenschwimmbad und Palmen, und in dem malerischen Felsendörfchen Llandudno (*rechts*). Die weißen Sandstrände dieser Küste locken in den Sommermonaten Schwärme von Besuchern an, aber nur die abgehärtetsten (oder erhitztesten) wagen sich in das eisige Seewasser.

WO EINST
LEOPARDEN LEBTEN

Hout Bay mit seinem Dorfcharakter und dem geschäftigen kleinen Hafen gilt bei seinen Einwohnern als ein besonderer Ort. In dem bewaldeten Tal zwischen Bergen und Meer zogen einst Raubkatzen umher; daran erinnert der Bronzeleopard (*links*), der über den Hafen hinausblickt. Es gab schon ewig Fischer in Hout Bay, sogar im Steinzeitalter, als die Strandlopers in den Höhlen oberhalb der Flutlinie hausten. Und auch heute sind vorwiegend Meeresfrüchte auf der Speisekarte, und man drängt sich in die Restaurants und Fischgeschäfte auf der Mariner's Wharf.

VOGELPERSPEKTIVE

Wem es die Zeit und Mühe wert ist, dem bieten die vielen Wanderwege und Pfade in den Hügeln und Bergen um Hout Bay überwältigende Ausblicke über die Bucht und den kleinen Ort (*oben*). Die See vor dem kilometerlangen Strand ist oft wärmer als an anderen, mehr exponierten Stellen und daher beliebt bei Eltern mit Kleinkindern. Für die Sitzfreudigen gibt es eine Anzahl gemütlicher Lokale im Ort, eines der eleganten Restaurants ist das historische Kronendal (*oben rechts*) mit seiner schönen, kapholländischen Giebelarchitektut, das an der Main Road liegt.

BERGE UND MEER

Die berühmte Chapman's-Peak-Bergstraße (*oben*), eine malerische Strecke, beliebt bei Joggern und Radlern, zieht sich über etwa 10km Kurven und Biegungen am Felshang an der Westseite der Halbinsel zwischen Hout Bay und dem Strand von Noordhoek entlang. Unvergeßlich ist der Blick von dieser Straße aus auf den fantastischen weißen

Sandstrand von Long Beach (*rechte Seite*), acht Kilometer Seeufer, wo sich Reiter, Spaziergänger und Surfer vergnügen. Aber wenn der Südoster darüber hinwegpfeift, ist er meist wie ausgestorben. Die See ist hier kalt und trügerisch und erfreut eher Fischer als Schwimmer. Die Paviane, die auf diesem Stück der Halbinsel leben, sind aufdringlich und können gefährlich sein – man darf sie weder füttern noch necken.

BIS AN DIE SPITZE

Das Cape of Good Hope Naturreservat, ein 7 750ha Schutzgebiet für die einheimische Flora und Fauna, war 1939 ursprünglich zum Erhalt der bedrohten Bergzebra und Buntbockantilopen (*rechts*) gedacht. Das Meer, das die Küsten der Landzunge umspült, ist nicht geeignet zum Schwimmen oder Surfen, aber ein Paradies für Taucher (*oben rechts*). Von dem erhöhten Aussichtspunkt an der Kapspitze können Besucher Robben und Delphine in den Wellen spielen sehen und mitunter sogar einen Wal ausmachen.

Der südlichste Punkt der Halbinsel ist eigentlich das Kap der Guten Hoffnung (*oben rechts*) und nicht die Kapspitze, wie oft fälschlich angenommen. Die sandige Bucht zwischen diesen beiden Spitzen der Landzunge ist nach Bartholomeus Dias benannt, dem die Ehre zukommt, im Jahre 1488 als erster Seefahrer das Kap umrundet zu haben. Er segelte bis zur Algoabucht und errichtete auf der Rückreise eine steinerne Kreuzsäule; eine Nachbildung steht bei Buffelsbaai. Oberhalb Bordjiesdrift wurde auch für Vasco da Gama eine Kreuzsäule (*rechts*) aufgestellt; sie dient nicht durch dem Gedenken dieses großen portugiesischen Seefahrers, sondern auch als Warnung für die Schiffe vor der felsigen Küste.

Smitswinkelbaai (*oben*) ist ein abgelegener kleiner Flecken mit einigen Strandhäusern, die nur über einen steilen und beängstigenden Pfad zu erreichen sind. Obgleich der winzige Strand sicheres Baden erlaubt, liegt er jedoch auch direkt in der Windrichtung des stürmischen Südosters.

MARINETRADITIONEN

Simon's Town ist der zweitälteste Hafen am Kap und wurde ursprünglich, 1795, von den Engländern als Brückenkopf zur Besetzung der Kolonie genutzt; 1814 wurde der Hafen zum Stützpunkt Südatlantik für die Royal Navy; 1957 wurde er dann an die südafrikanische Marine übergeben. Die Gebäude an der Hauptstraße bieten eine architektonische Stilpalette von bezaubernden klassizistischen Bauten des 19. Jahrhunderts bis hin zu modernen Häusern und bezeugen die enge Verbindung dieser kleinen Ortschaft zum Meer.

PINGUINPARADE

Boulders (*oben*), einige sandige Buchten südlich der Ortschaft, bietet warmes, flaches Wasser für Kinder und tiefes, ruhiges Gewässer für die stärkeren Schwimmer. Eine weitere Attraktion ist die dort lebende Kolonie Brillenpenguine. Es kann vorkommen, daß einem Vögel übers Handtuch marschieren, während man sonnenbadet. Maritime Nostalgie herrscht im Simon's Town Museum (*oben rechts*), das in der alten Residenz untergebracht ist. Auf dem Julbilee Square steht ein Hundedenkmal; es ehrt den Vollmatrosen 'Bloß Blödsinn', die dänische Dogge, die im Zweiten Weltkrieg den Matrosen so viel Freude bereitete.

BADEFREUDEN

Die warme See, die an die Küsten der False Bay (Falsche Bucht) spült, lockt Badefreudige aller Alters- gruppen. Der kleine Fischereihafen von Kalk Bay (*rechts*), verdankt seinen Namen den Kalköfen, die Ende des 18. Jahrhunderts dort errichtet wurden, um Muscheln zu verbrennen zum Weißen der Häuser. 1806 wurde der Hafen der Hauptstützpunkt der englischen Walfänger. Heute ist die Anziehungskraft des Ortes der geschäftige Fischereihafen, die Antiquitäten- und Kunstgewerbeläden und die direkt am Meer gelegene Gaststätte 'Brass Bell'. Wer zu tief ins Glas schaut, kann auf die nahegelegene Bahnstation torkeln und den Heimweg per Eisenbahn unternehmen. St. James (*oben links*), eine der wenigen Zufluchtstätten, wenn der Südoster die Halbinsel durchrüttelt, ist bekannt für seinen Badestrand, das Gezeitenschwimmbad und die bunten Umkleidekabinen (*rechte Seite, rechts*).

Kaum vorstellbar, aber der Strand bei Muizenberg, wo im Sommer so ein buntes Treiben herrscht, war 1795 der Schauplatz eines Gefechtes zwischen Engländern und Holländern, das in der ersten britischen Besetzung am Kap endete.

Als 1883 die Vorortbahn das Dorf mit Kapstadt verband, wurde es eines der begehrtesten Ferienorte im britischen Empire. Der ausladende Strand (*oben*) lockt auch heute noch die Ausflügler von nah und fern.

IM TAL DER REBEN

Das Weinanbaugebiet, das sich heute wie ein Fleckerlteppich über das südwestliche Kap erstreckt, entwickelte sich von einem kleinen Weinberg an den Hängen des Tafelberges, den die tüchtigen Bürger im 17. Jahrhundert anlegten. Die Hugenotten brachten die Weinkelterei sowohl weiter ins Inland, als auch auf einen höheren Entwicklungsstand. Zu der Weinstraße von Constantia gehören heute vier Wein-güter: Groot Constantia, Klein Constantia, Constantia Uitsig und Buitenverwachting. Auf dem historischen Anwesen Groot Constantia (*oben links*) erzeugte Gouverneur Simon van der Stel die ersten besseren Weine vom Kap. Dieses Weingut, das weiterhin gute Rot- und Weißweine produziert, steht heute unter

Denkmalschutz. Das sorgfältig restau-rierte Herrenhaus im kaphol-ländischen Stil ist mit Mobilar aus dem 18. Jahrhundert ausstaffiert (*linke Seite rechts*), und ein Weinmuseum ist im alten Weinkeller (*oben*) untergebracht, dessen Fries von dem Bildhauer Anton Anreith stammt. Eines der zwei Restaurants ist das Jonkershuis (*linke Seite, links unten*). Auch auf dem kleineren Gut, Klein Constantia (*ganz rechts*) sind noch Weinberge aus den Zeiten von Van der Stel.

DAS KAP-FLORENREICH

Der südwestliche Zipfel Afrikas, abgegrenzt durch die Bergketten, ist in mehr als einer Hinsicht eine Welt für sich. In diesem äußerst begrenzten Gebiet befindet sich das kleinste und gleichzeitig artenreichste Florenreich der Welt. Viele der Sträucher haben kleine, harte Blätter, was zu dem holländischen 'Fijnbosch' und, letztendlich, zu dem modernen Namen Fynbos führte. Hier stehen Proteen unterschiedlichster Art, von farbenfreudigen

orange-roten Nadelkissen bis zu schimmernden Silberblattbäumen (*linke Seite, links*);
die Pflanzenart ist nach dem griechischen Meeresgott, Proteus, benannt, der seine
Erscheinung unbegrenzt verändern konnte. Bodenorchideen in allen Farben sind auf
dem Tafelberg weitverbreitet, die begehrteste ist die Rote Disa (*linke Seite , oben
rechts*), das Emblem vom Kap. Um die Blütenpracht der Kapflora wirklich genießen zu
können, lohnt sich ein Ausflug nach Kirstenbosch, dem Nationalen Botanischen Garten
(*oben, rechts und linke Seite, rechts unten*). Mehrere Sinnesorgane werden angeregt,
wenn man dem Blindenweg folgt, der durch den Duftgarten führt, und ein Spaziergang
über die gutgepflasterten Wege der sorgfältig angelegten Gärten bereitet viel Genuß.

DAS ERBE VON RHODES

Eine der schillerndsten Persönlichkeiten am Kap war der Staatsmann und Empireförderer Cecil John Rhodes (*links*). Er vermachte einen Teil seines riesigen Anwesens, Groote Schuur, der Universität von Kapstadt. Die älteste Universität in Afrika hatte ihre Anfangsjahre auf der anderen Seite des Berges in der Orange Street. 1928 zog sie auf das malerische Grundstück unterhalb des Devil's Peak (Teufelsspitze) (*oben*). Die Universität blickt über Mostert's Mühle (*rechts*) hinweg, eine Erinnerung an die holländische Zeit. Die Mühle wurde 1796 zum Weizenmahlen gebaut und ist 1936 restauriert.

Rhodes' Memorial (*oben rechts*) liegt im Herzen des ursprünglichen Groote Schuur Anwesen; die ganze Anlage aus Granit mit Bronzelöwen und der Pferdestatue ist ein beeindruckendes Beispiel imperialer Architektur. Von dort hat man einen Ausblick über das ganze Panorama der Cape Flats. Eine unvergeßliche Art, die Halbinsel voll in sich aufzunehmen ist von einem Hubschrauber aus (*umseitig*).

Von der Victoria & Alfred Waterfront aus werden Charterflüge angeboten. Aus der Luft zeichnet sich das Sandsteinmassiv des Tafelbergs, mit der Teufelsspitze an der Westseite und dem Löwenkopf und Signalhügel an der Ostseite als Mittelpunkt der verästelten Gebirgskette ab, die sich bis zur Kapspitze erstreckt. Hier ist Kapstadt in all seiner Pracht dargelegt.

31